LES PETITS IMAGIERS

DORA L'EXPLORATRICE

La maternelle

Bonjour, je m'appelle Dora et voici mes amis :
Babouche, Véra, Totor, Tico, le Trio Fiesta
et Grand Poulet rouge.
Ensemble, découvrons…

LES LETTRES DE L'ALPHABET

Babouche aimerait connaître les lettres pour écrire DORA.
Et toi, sais-tu reconnaître celles de ton prénom ?
Alors, partons ensemble à la découverte des lettres.

A

un **a**vion

B

une **b**alle

C

un **c**anard

D

un **d**auphin

un **e**scargot

une **f**ourmi

un **g**âteau

un **h**ippocampe

i

un **i**gloo

J

des **j**ouets

K

un **k**oala

L

un **l**it

une **m**aison

un **n**id

un **o**reiller

une **p**ieuvre

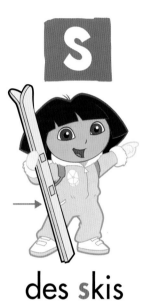

Q

4

quatre

R

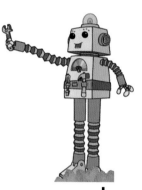

un **r**obot

S

des **s**kis

T

une **t**élévision

U

un **u**niforme

une **v**oiture

un **w**agon

un **x**ylophone

un **y**aourt

un **z**èbre

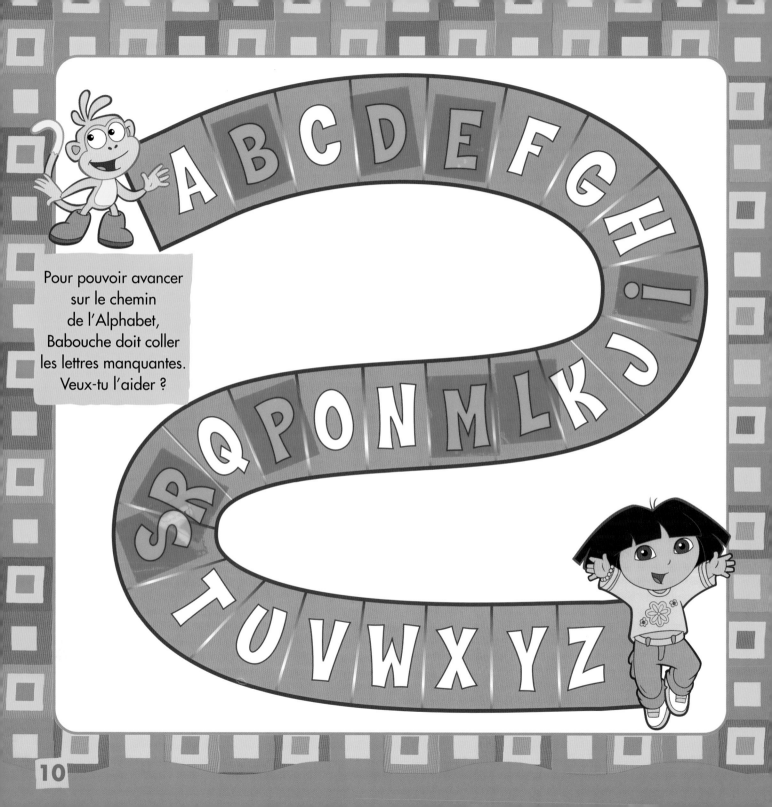

Pour pouvoir avancer sur le chemin de l'Alphabet, Babouche doit coller les lettres manquantes. Veux-tu l'aider ?

A B C D E F G H I J K L M N O P Q R S T U V W X Y Z

LES NOMBRES

Totor aimerait compter les animaux qu'il rencontre.
Et toi, sais-tu compter ?
Alors, partons ensemble
à la découverte des nombres.

1

un ours

deux vaches

trois cochons

4

quatre crocodiles

5

cinq lapins

six grenouilles

7

sept poules

8

huit poussins

9

neuf papillons

10

dix coccinelles

4

6

Totor compte
les abeilles
qui butinent les fleurs.
Aide-le
et colle le nombre
correspondant.

3

5

LES SONS

Le Trio Fiesta aimerait reconnaître les sons
que l'on entend dans les mots.
Et toi, sais-tu les reconnaître ?
Alors, allons-y ! Partons ensemble
à la découverte des sons.

« a »   « e »
« o »   « ou »
« u »
« i »

LE SON « a »

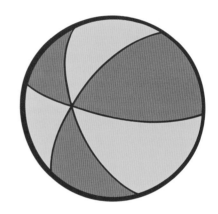

LE SON « i »

LE SON « o »

LE SON « e »

LE SON « u »

LE SON « ou »

Joue avec le Trio Fiesta et découvre l'animal qui se cache derrière chaque son. Colle l'image au-dessus du son correspondant.

« a »

« i »

« e »

« u »

« ou »

LES FORMES

Tico aimerait reconnaître les formes qui l'entourent. Sais-tu les reconnaître ? Allons-y ! Partons ensemble à la découverte des formes.

LE CERCLE

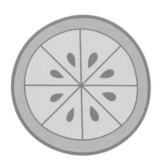

LE CARRÉ

LE TRIANGLE

LE RECTANGLE

ABCDEFGHIJKLMNOPQRSTUVWXYZ

Tico construit une drôle de voiture. Aide-le à la terminer en collant les formes au bon endroit.

LES COULEURS

Véra aimerait reconnaître
les couleurs des fleurs du jardin.
Les connais-tu ?
Allons-y ! Partons ensemble à la découverte
des couleurs.

ROUGE

BLEU

JAUNE

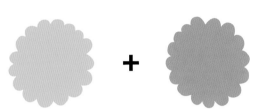

VERT

ORANGE

VIOLET

Véra et moi plantons des fleurs de la couleur de chacun des pots. Aide-nous en collant les fleurs dans leur pot.

LES CONTRAIRES

Grand Poulet rouge se trouve grand quand il se compare à Véra ou Babouche. Et toi, as-tu remarqué ces différences ? Alors, partons ensemble à la découverte des contraires.

OUVERT – FERMÉ

Ce coffre est **fermé**.

Ce coffre est **ouvert**.

EN HAUT – EN BAS

Regarde, Dora est **en haut**

et Babouche est **en bas**.

DEVANT - DERRIÈRE

Regarde, Chipeur
est **derrière** l'arbre.

Babouche et moi, nous sommes
devant l'arbre.

SUR - SOUS

Notre bateau est **sur** l'eau.

La tortue de mer vit **sous** l'eau.

GRAND - PETIT

Totor est **grand**

et Tico est **petit**.

LOURD - LÉGER

Grand Poulet rouge
est **lourd** ;

Babouche, lui, est **léger**.

Place les quatre œufs autour de Grand Poulet rouge : l'œuf rouge **dans** le panier, l'œuf vert **sur** sa crête, l'œuf bleu **sous** sa patte, et l'œuf jaune **devant** le panier.

Produit en collaboration avec les Éditions Magnard, 2007, Paris

Conception pédagogique : Fabienne Rousseau - Édition : Aude André
Couverture : Luc Doligez - Maquette : Cécile Gallou - Composition : Al'Solo

Publié par Presses Aventure, une division de
Les Publications Modus Vivendi Inc.
55, rue Jean-Talon Ouest, 2e étage
Montréal (Québec)
Canada H2R 2W8

Dépot légal : Bibliothèque et Archives nationales du Québec, 2008
Dépot légal : Bibliothèque et Archives Canada, 2008

ISBN #13 : 978-2-89543-779-6

Nous reconnaissons l'aide financière du gouvernement du Canada par l'entremise du Programme d'aide au développement de l'industrie de l'édition (PADIÉ) pour nos activités d'édition.

Gouvernement du Québec — Programme de crédit d'impôt pour l'édition de livres — Gestion SODEC

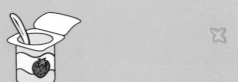